JN122996

プロの投資家に対する
「評判」と資産価格

佐藤 祐己

三菱経済研究所

目　　次

第 1 章　はじめに

　ファンドマネジャーやディーラー等のプロの投資家が個人投資家と決定的に異なる点の一つは，他者の目を気にするということであろう．個人投資家は周りの目など気にせずに，自らのポートフォリオのパフォーマンスのみに関心を持つかもしれないが，プロの投資家はそうはいかない．自らの「投資スキル」が競合他社の目に留まり，さらに高い報酬をオファーされて移籍するといったことが，金融業界（とくに米国）では珍しくないからである．このような引き抜き合戦が繰り返される中，能力のある（と少なくともみられている）者は多額の報酬を手にし，金融業界における高い賃金格差を生み出している（Philippon and Reshef 2012; Böhm, Metzger, and Strömberg 2015; Célérier and Vallée 2017）．こうした状況下では，プロの投資家はポートフォリオのパフォーマンスだけでなく，他の市場参加者の目に自らがどの程度有能に映っているか，つまり業界内での自らの「評判」（reputation）にも関心を持つのが自然であろう．投資家達が評判に関心を持つと，彼らの市場における行動はどう変化するだろうか？また，その変化は資産価格にどのような影響を及ぼすのだろうか？

　本稿では，自らの評判に関心を持つ投資家を明示的に導入した金融資産市場の理論モデルを分析する．離散時間の無限期間で，多くの投資家，一人のマーケットメーカー，ノイズトレーダー[1]が多くのリスク資産を取引する金融市場を考える．各投資家は，資産が次期に生み出

---

[1] ノイズトレーダーとは，資産のファンダメンタル価値に関する情報に基づいた取引を行わない主体である．例えば，「勘」に頼って取引する限定合理的な個人投資家等が含まれる．

すペイオフ（例えば株式の配当等）についての私的シグナルを受け取り，マーケットメーカーに成行注文を出す．ここで「私的」とは，それを知っているのは当該投資家のみであり，他の投資家にはそれを直接観察することができないという意味である．この私的シグナルの精度を，その投資家固有の「スキル」と解釈する．スキルも当該投資家の私的情報である．マーケットメーカーは，Kyle (1985) 流の標準的なモデルと同様に，全投資家とノイズトレーダーからの総注文のみを観察して競争的に価格をつける．次期に，各投資家の取引利益は全市場参加者に公開される．その後，一部の投資家は，他の市場参加者に対して自らのスキルを売却する機会を得る．この売却価格は，必ずしもその投資家のスキルの真の価値に等しくなるとは限らず，買い手である他の市場参加者の目で見たその投資家のスキルの価値，すなわち，その投資家の市場での評判によって決まるということが重要である．スキル売却の機会が多いほど，投資家達は自らの評判について強い関心を持つことになる．本稿の主目的は，この評判への関心が，投資家達の行動や資産価格にどう影響するかを理解することである．

モデルの定常均衡から，以下のような実証的含意が得られる．

- **含意 1.** 投資家達が自らの評判に強い関心を持つほど，取引のアグレッシブ度（trading aggressiveness）は高くなる．
- **含意 2.** 投資家達が自らの評判に関心を持つ場合，資産価格の期待値に影響はないが，そのボラティリティは高まる．
- **含意 3.** 投資家達が自らの評判に強い関心を持つほど，投資家の価値（金銭的な取引利益と非金銭的な投資コストをどちらも考慮した生涯効用の割引現在価値）は減少するが，金銭的な取引利益は市場の環境に応じて増加も減少もしうる．
- **含意 4.** 投資家達が自らの評判に関心を持つ場合，マーケット

インパクトの逆数で測った市場流動性は上昇も低下も
しうる.

- **含意 5.**　投資家達が自らの評判に強い関心を持つほど, 資産価格の情報度（price informativeness）は上昇する.

　含意 1 は, 本稿の核になる重要な結果である. 高精度の私的シグナルを受け取ることのできる高スキルの投資家であれば規模の大きな取引を行うという点は, 直感に反しないであろう. そのような投資家は, 良いシグナルを受け取れば大きな買い注文, 悪いシグナルならば大きな売り注文というように, 自らが得た私的情報に応じて, 振れ幅の大きい「アグレッシブな」取引を自信をもって行うはずだからである. そのため, 投資家達が自らのスキルについての他者からの評価に強い関心を持つ場合, スキルが低いことを自覚する投資家は, そのスキルが実際よりも高いように見せかけるために, 故意に本来よりもアグレッシブ度を嵩上げした取引を行う. 言い換えれば, 彼らは「見栄張り」の行動をとるのである. 投資家にこのような行動をとるインセンティブがあることは, 事前に全ての市場参加者が理解している. そのため, スキルの高い投資家は, 仮に通常通りのアグレッシブさで取引してしまうと, 市場参加者は「投資家はみな嵩上げをしているはず」と信じているため, 市場参加者の目には実際よりも低いスキルの投資家であると映ってしまう. よって, スキルの高い投資家もやはり本来よりもアグレッシブ度を嵩上げするため, 市場全体のアグレッシブ度が上昇するのである（以上, 含意 1）. その結果, 投資家達のシグナルに含まれる資産価値に関する有益な情報が注文に強く反映されるようになるため, マーケットメーカーは注文の大小に応じて価格をより大きく上下させるようになり, 価格のボラティリティは高まる（含意 2）. 投資家達のアグレッシブな取引は過剰な非金銭的取引コストを伴うため, 彼らの効用で測った価値は減少する. しかし, 金銭的な取引利益だけに

注目すれば，注文のサイズが大きくなることによる正の効果と，私的シグナルの有益な情報が価格に織り込まれてしまうことによる負の効果が相殺し合うため，最終的な増減は必ずしも明らかではない（含意3）．取引がアグレッシブになれば，投資家達の私的シグナルの有益な情報が注文に反映されるため，マーケットメーカーは注文の大小に応じて価格を大きく変化させ，マーケットインパクトには上昇圧力が（つまり市場流動性には下落圧力が）かかる．しかし他方で，マーケットメーカーは投資家達の嵩上げ行動を理解しているため，注文の嵩上げが大きくなるほど，その嵩上げ分を大きく割り引いた残余分しか価格に反映させなくなるため，マーケットインパクトには下落圧力が（つまり市場流動性には上昇圧力が）かかる．これらの上昇・下落圧力の相対的な大きさは市場の環境によって逆転するため，市場流動性の最終的な増減もまた明らかではない（含意4）．なお，マーケットメーカーが割り引くのは，あくまでも投資家からの「過剰な」嵩上げ分だけであり，注文に含まれる資産価値に関する有益な情報は余すところなく価格に反映させる．そのため，投資家のアグレッシブな注文を受けてマーケットメーカーが設定する価格にも，資産価値に関する情報がより強く織り込まれる．すなわち，価格の情報度は上昇する（含意5）．

　本稿は，金融市場におけるスキルを論じたいくつかの先行研究に関連している．Malliaris and Yan (2021)，DiMaggio (2015)，Bijlsma, Boone, and Zwart (2013) も，本稿と同様に，投資家の私的情報である自らの能力が事後的なパフォーマンスに反映されるケースを想定し，投資家が過剰なリスクをとる可能性を論じている．しかし本稿では，これらの論文とは異なり，そのような行動がどのように資産価格に影響を与えるかを分析する．Guerrieri and Kondor (2012) は，本稿と同じく，投資家の評判が資産価格のボラティリティを高めることを理論的に示している．また，Dasgupta and Prat (2006, 2008) も，Glosten and Milgrom (1985) 流のモデルに基づき，評判が資産価格に与える影響を分析して

いる．しかし，これら 3 論文におけるモデル設定は本稿のものとは大きく異なり，本稿が焦点を当てる取引のアグレッシブ度，市場流動性や価格の情報度といった概念についての分析は行われていない．

　本稿の構成は以下の通りである．第 2 章で理論モデルを詳述し，第 3 章でモデルの定常均衡を分析し，第 4 章でモデルから得られる実証的含意を議論し，第 5 章で総括する．

第 2 章　モデル

　離散時間・無限期間の金融市場を考える．市場には，多くのリスク中立的な投資家と，競争的でリスク中立的な一人のマーケットメーカーと，ノイズトレーダーが存在する．投資家達は測度 1 の連続体として存在し，個々の投資家は $i \in [0, 1]$ で表される．市場には多くの金融資産が連続体として存在する．全ての資産の集合を $\mathcal{J}$ とし，個々の資産は $j \in \mathcal{J}$ で表す．各資産 j は，1 期後にペイオフ δ_j を生む．δ_j は，平均 $\bar{\delta}$，分散 σ^2 の正規分布（i.i.d.）に従う．全ての資産の満期は 1 期のみであり，一度ペイオフを生んだら消滅する．次の期には新しい資産の連続体が導入され，取引される．

　各期，各資産 j が次期に生むペイオフ δ_j の値について，各投資家 i は私的なシグナル $s_{i,j} = \delta_j + \epsilon_{i,j}$ を受け取る．ここで $\epsilon_{i,j}$ はシグナルのノイズであり，平均 0，分散 $\sigma_{\epsilon,i}^2$ の正規分布に従うものとする．$\sigma_{\epsilon,i}^2$ は，投資家 i の私的情報である．投資家 i が受け取るシグナルの集合を $\mathcal{S}_i = \{s_{i,j} : j \in \mathcal{J}\}$ で表す．

　シグナルの不正確さを表す $\sigma_{\epsilon,i}^2$ は，各投資家 i に固有の「予測スキル」の逆数を規定するパラメータと見做すことができる．$\sigma_{\epsilon,i}^2$ が小さい投資家ほど，ノイズの少ないシグナル $s_{i,j}$ を受け取るため，δ_j をより高い確度で予測することができるのである．以下では便宜上，$\sigma_{\epsilon,i}^2$ の逆数そのものではなく，$\phi_i \equiv \sigma^2/(\sigma^2 + \sigma_{\epsilon,i}^2)$ を投資家 i のスキルと呼ぶことにする．$0 \leq \phi_i \leq 1$ であり，$\phi_i = 1$ が最高のスキル（$\sigma_{\epsilon,i}^2 = 0$

に対応），$\phi_i = 0$ が最低のスキル（$\sigma_{\epsilon,i}^2 = \infty$ に対応）である[2]．$\sigma_{\epsilon,i}^2$ が投資家 i の私的情報のため，スキル ϕ_i もその投資家の私的情報ということに留意されたい．個々の ϕ_i は私的情報だが，全投資家のスキルの平均 $\bar{\phi} \equiv \int_0^1 \phi_i \mathrm{d}i$ は公的情報と仮定する．

各期，各資産 j について，各投資家 i はマーケットメーカーに成行注文（market order）$x_{i,j} \in (-\infty, \infty)$ を出す．その際，投資家 i は私的な非金銭的コスト $c x_{i,j}^2 / 2$（$c > 0$）を被ると仮定する．このコストは，投資家が無限に大きなポジションをとること（$|x_{i,j}| \to \infty$）を排除するための最も単純な仮定であり，例えば投資家のリスク回避的選好に伴って発生する心理的コストと解釈できる[3]．

各期，各資産 j について，ノイズトレーダーが注文 u_j を出す．u_j は平均 0，分散 σ_u^2 の正規分布（i.i.d.）に従い，投資家とマーケットメーカーは直接観察することはできないものとする．

マーケットメーカーの価格付けは，Kyle (1985) 流の標準的なものである．各資産 j の市場において，マーケットメーカーはその資産への注文の合計（total order flow）だけをみて，競争的な価格 p_j をつける．その際，各投資家とノイズトレーダーからの個別の注文を直接観察することはできないと仮定する．

各投資家 i が各期に得る取引利益（trading profit）は，$\pi_i \equiv \int_{j \in \mathcal{J}} (\delta_j - p_j) x_{i,j} \mathrm{d}j$ である．全ての投資家の π_i の値は，全ての市場参加者に即時に公開されるものとする．各期の投資家 i の効用は，取引利益から非金銭的コストを差し引いたものであり，$\omega_i \equiv \pi_i - \int_{j \in \mathcal{J}} (c x_{i,j}^2 / 2) \mathrm{d}j$

---

2 投資家 i による δ_j の予測値は，$\mathrm{E}[\delta_j | \mathcal{S}_i] = \mathrm{E}[\delta_j | s_{i,j}] = \phi_i s_{i,j} + (1 - \phi_i)\bar{\delta}$，すなわちシグナル $s_{i,j}$ と事前の推定値（prior）である $\bar{\delta}$ の加重平均であり，その $s_{i,j}$ へのウェイトがスキル ϕ_i になることに注意されたい．つまり，ϕ_i が高いほど，$s_{i,j}$ は δ_j の予測に有用ということである．

3 このような心理的コストは，強い凹の効用関数を明示的に仮定すれば，内生的に導かれるものである．しかし，そのような効用関数を用いたアプローチでは分析が格段に複雑になるため，本稿では 2 次形式のコストを外生的に仮定することで投資家のリスク回避的行動を表すことにする．

である.

　全ての投資家達に共通の割引ファクターを $\rho \in (0, 1)$ とする.　彼ら
は, 潜在的には無限期間市場で活動することができる.　しかし, 各期,
各投資家は確率 $\theta \in [0, 1]$ で独立に流動性ショックを受け, 市場を退出
する.　その退出した投資家の穴を埋めるように, 新しい投資家が市場
に参入する.　そのため, 投資家の総数は参入退出に関わらず, 時間を
通じて測度 1 で一定である.　退出する投資家は, 参入する投資家に対
して, 自らの投資スキルを, 競争的な価格（すなわち, 買い手に余剰
が残らないような価格）で売却することができる.　投資家 i のスキル
を購入して新しく参入した投資家は, 投資家 i の名とスキルを受け継
ぎ, シグナル $s_{i,j}$ を受け取ることになる.

　θ は, 投資家がどの程度自らの評判を気にするかを測る, 本稿で最
も重要なパラメータである.　θ が大きいほど, 投資家は自らのスキルを
市場で売却する可能性が高まるため, そのスキルが市場参加者の目に
どのように見えているかについて強い関心を持つことになる.　現実経
済では, θ は金融業界内における人的資本の流動性の高さと解釈する
ことができる.　例えば, 競合する投資業者間での引き抜きや金融サー
ビス業の M&A が盛んな米国における θ は大きいと考えられる.　他方,
ひと昔前の日本のように, 同一企業内での終身雇用が前提で, 必ずし
もスキルが報酬に結び付かないいわゆる「サラリーマン・ファンドマネ
ジャー」が主流のケースや, そもそも評判に関心を持つ必要がない個
人投資家が大半を占めていた数十年前の株式市場等においては, θ が
小さいと解釈できる.　本稿の主たる目的は, θ の大小がどのように投
資家の行動を変化させ, それがどのように資産価格や市場の流動性等
に影響を与えるかを理論的に分析することである.

第3章 均衡分析

本章では，モデルの定常均衡を求めて分析する．

3.1 投資家の目的関数

はじめに，各投資家の目的関数を導出する．定常均衡の各期におい
て，各投資家 i が達成する「価値」，つまり，最大化された生涯効用の
割引現在価値の期待値を V_i とおく．現段階では V_i は時間を通じて一
定な非確率的な値であると予想（conjecture）しておき，後に実際にそ
うであることを立証（verify）する．投資家 i 以外の市場参加者達が信
じる V_i の値を $\hat{V}_i$ で表す．

任意の期に，V_i がどのような形になるかを考えよう．今期，投資家 i
は金融取引から効用 ω_i を得る．来期，仮にこの投資家が流動性ショッ
クを受ければ，新しく参入してくる投資家に自らのスキルを価格 $\hat{V}_i$ で
売却して市場から退出する．この売却価格が，投資家の真の価値 V_i そ
のものではなく，それについて他の市場参加者が推定している値 $\hat{V}_i$ だ
ということが非常に重要である．他方，仮に流動性ショックが無けれ
ば，この投資家は市場に留まり，来期も再び価値 V_i を達成する．した
がって，V_i は以下のような再帰的な式を満たすはずである．

$$V_i = \max_{x_{i,j}:j\in\mathcal{J}} \mathrm{E}\left[\omega_i + \rho\big(\theta\hat{V}_i + (1-\theta)V_i\big)\Big|\mathcal{S}_i\right]. \tag{3.1}$$

ここで，定常均衡パス上では各投資家の取引利益 π_i は時間を通じて
一定であり，ある定数 $k_\pi > 0$ に対して，下式のような形でスキル ϕ_i

に比例すると予想しておく.(このことは後に立証し,k_π の値も導出する.)

$$\pi_i = k_\pi \phi_i. \tag{3.2}$$

取引利益 π_i が一定になることの鍵は,大数の法則である.つまり,個々の資産のペイオフにはリスクがあるものの,無数の独立な資産が連続体として存在するために,それらに分散投資した結果の利益は一定になるということである.スキル ϕ_i が高い投資家ほど高い取引利益を得るという予想は,直感に反しないであろう.

さらに,この定常均衡パス上で各投資家が各期に得る効用 ω_i が,ある定数 $k_\omega > 0$ に対して

$$\omega_i = k_\omega \phi_i \tag{3.3}$$

という形で ϕ_i に比例することも予想しておく.(このことは後に立証し,k_ω の値も導出する.)

π_i の値が公開されたとき,それが実際には均衡パスの上であろうと均衡外パス(off-the-equilibrium paths)の上であろうと,市場参加者達は自分達は均衡パス上にいるものと信じているため,その π_i は (3.2) 式を満たすものと信じている.したがって,観察した π_i の値に基づいて,市場参加者達は投資家 i のスキル ϕ_i が

$$\hat{\phi}_i = \frac{\pi_i}{k_\pi} \tag{3.4}$$

で定義されるような $\hat{\phi}_i$ に等しいと信じることになる.もちろん,市場参加者達は互いのインセンティブや均衡戦略を正しく理解しているため,均衡パス上では皆が ϕ_i を正しく推定し,$\hat{\phi}_i = \phi_i$ が成立することになる.しかしながら,いずれかの経済主体が均衡戦略から逸脱している均衡外パス上においては,市場参加者の「思い違い」が起こりうるため,必ずしも $\hat{\phi}_i = \phi_i$ が成立するとは限らない.例えば,ある投資

家 i が均衡戦略から逸脱し，本来よりも大きな注文を出すことで，均衡レベルの (3.2) 式よりも大きな取引利益 π_i を実現したとしよう．すると，その π_i の値を観察し，それが (3.2) 式を満たしているものと誤って信じている市場参加者は，投資家 i のスキルを実際よりも高く見積もることになる $(\hat{\phi}_i > \phi_i)$．これにより自らのスキルを本来よりも高い価格で売却できるとすれば $(\hat{V}_i > V_i)$，投資家には潜在的に注文を嵩上げするインセンティブがあることになる．後に詳しく見るように，この「均衡外パス上では市場参加者達の目を欺くことができる」ことに起因した潜在的な注文嵩上げのインセンティブが，投資家達の均衡パス上の実際の行動にも影響を及ぼすことになる．

　均衡パス上では，市場参加者達は各投資家 i の価値 V_i を正しく把握するため，$\hat{V}_i = V_i$ が成立する．よって，(3.1)，(3.3)，および $\hat{V}_i = V_i$ の三式から，均衡パス上においては $V_i = k_\omega \phi_i + \rho V_i$，すなわち

$$V_i = \frac{k_\omega \phi_i}{1 - \rho} \tag{3.5}$$

が成立する．そのため，(3.4) 式と (3.5) 式から，市場参加者達は π_i の値を観察することによって，V_i が

$$\hat{V}_i = \frac{k_\omega \hat{\phi}_i}{1 - \rho} = \frac{k_\omega \pi_i}{(1 - \rho)k_\pi} \tag{3.6}$$

で定義されるような $\hat{V}_i$ に等しいと信じることになる．

　(3.6) 式が意味する重要なことは，潜在的には，投資家 i は π_i をコントロールすることによって自らのスキルの売値である $\hat{V}_i$ に影響を及ぼすことができてしまうということである．この事実を，投資家 i は $x_{i,j}$ を選択する際に考慮に入れる．そのため，(3.6) 式を (3.1) 式に代入して整理すると，以下を得る．

$$V_i = \max_{x_{i,j}:j\in\mathcal{J}} \mathrm{E}\left[\left(1 + \frac{\theta\rho k_\omega}{(1-\rho)k_\pi}\right)\int_{j\in\mathcal{J}}(\delta_j - p_j)x_{i,j}\mathrm{d}j\right.$$

$$\left. -\frac{c}{2}\int_{j\in\mathcal{J}}x_{i,j}^2\mathrm{d}j + \rho(1-\theta)V_i \,\middle|\, \mathcal{S}_i\right].$$

したがって，投資家 i の最大化問題を以下のように書くことができる[4].

$$\max_{x_{i,j}:j\in\mathcal{J}}\left(1 + \frac{\theta\rho k_\omega}{(1-\rho)k_\pi}\right)\int_{j\in\mathcal{J}}\mathrm{E}[\delta_j - p_j|s_{i,j}]x_{i,j}\mathrm{d}j - \frac{c}{2}\int_{j\in\mathcal{J}}x_{i,j}^2\mathrm{d}j.$$

$$(3.7)$$

上述のように，投資家 i は，潜在的には（過剰な非金銭的コストを被りながら）π_i を嵩上げすることで，市場参加者達に自らの ϕ_i を実際よりも高く見せ，自らのスキルの価格 $\hat{V}_i$ を吊り上げることができる．そのため，投資家は π_i の上昇から追加的な限界便益を得る．この追加的な便益は (3.7) 式の第一項内の $\frac{\theta\rho k_\omega}{(1-\rho)k_\pi}$ という部分で捉えられている．この部分は，直感に反することなく，θ について増加的である．θ が高く，スキルを価格 $\hat{V}_i$ で売却する機会を得る可能性が高いほど，その $\hat{V}_i$ を吊り上げることによる限界便益は高いのである．

3.2 投資家の注文

均衡においては，各投資家 i の各資産 j に対する成行注文 $x_{i,j}$ は，ある定数 $\beta > 0$ に対して，下の (3.8) 式のような形になると予想しておく．後に，この予想を立証し，β の値も導出する．

$$x_{i,j} = \phi_i\beta(s_{i,j} - \bar{\delta}).$$

$$(3.8)$$

---

4 資産 $\ell \neq j$ についてのシグナルは資産 j のペイオフ δ_j についての情報を含まないため，$\mathrm{E}[\delta_j - p_j|\mathcal{S}_i] = \mathrm{E}[\delta_j - p_j|s_{i,j}]$ であることに注意されたい.

(3.8) 式は，各投資家の注文が，その投資家に固有のスキル ϕ_i，定数 β，およびシグナル $s_{i,j}$ を受け取ることによる「サプライズ項」$(s_{i,j} - \bar\delta)$ という三つの項の積になることを意味している．$s_{i,j} > \bar\delta$ ならば買い注文（$x_{i,j} > 0$），$s_{i,j} < \bar\delta$ ならば売り注文（$x_{i,j} < 0$）であり，スキル ϕ_i の高い投資家ほど自身のシグナル $s_{i,j}$ に基づいてより大きな注文を出すということである．また，β は全投資家に共通の比例定数であり，市場全体の取引の「アグレッシブ度」(trading aggressiveness) を表している．β は本稿における最も重要な内生変数の一つであり，以下の分析において中心的な役割を果たす．

3.3　マーケットメーカーの価格設定

　マーケットメーカーは，各期，各資産 j について，投資家達とノイズトレーダーからの総注文 $\int_0^1 x_{i,j}\mathrm{d}i + u_j$ の値を所与として，競争的な（つまり自らの期待利潤が 0 になるような）価格 p_j を設定する．すなわち，p_j は以下のようになる．

$$p_j = \mathrm{E}\left[\delta_j \middle| \int_0^1 x_{i,j}\mathrm{d}i + u_j\right]. \tag{3.9}$$

　マーケットメーカーは，すべての投資家は均衡において (3.8) に従って注文を出すと信じている．そのため，マーケットメーカーは，自らが直接観察した資産 j への総注文の値（下の (3.10) 式の左辺）は，(3.10) 式右辺のように構成されていると信じていることになる．

$$\int_0^1 x_{i,j}\mathrm{d}i + u_j = \bar\phi\beta(\delta_j - \bar\delta) + u_j. \tag{3.10}$$

すると，(3.9) 式と (3.10) 式をまとめることで，資産 j の価格は以下の

ように書くことができる.

$$p_j = \mathrm{E}[\delta_j | \bar{\phi}\beta(\delta_j - \bar{\delta}) + u_j]$$

$$= \bar{\delta} + \frac{\mathrm{Cov}[\delta_j, \bar{\phi}\beta(\delta_j - \bar{\delta}) + u_j]}{\mathrm{Var}[\bar{\phi}\beta(\delta_j - \bar{\delta}) + u_j]} \big(\bar{\phi}\beta(\delta_j - \bar{\delta}) + u_j$$

$$- \mathrm{E}[\bar{\phi}\beta(\delta_j - \bar{\delta}) + u_j]\big)$$

$$= \bar{\delta} + \lambda(\beta)(\bar{\phi}\beta(\delta_j - \bar{\delta}) + u_j) \tag{3.11}$$

where

$$\lambda(\beta) \equiv \frac{\bar{\phi}\beta\sigma^2}{\bar{\phi}^2\beta^2\sigma^2 + \sigma_u^2}. \tag{3.12}$$

(3.12)式で与えられるλは,投資家の取引に対して資産価格がどれだけ変化するか(マーケットインパクト)を表すファイナンスの標準的な指標である,いわゆる「Kyleのラムダ」に対応している.一般的に,λが小さいほどその市場の流動性(liquidity)もしくは深度(depth)が大きいとされるため,本稿では市場流動性をλの逆数で捉えることにする.

ここで,やや技術的な補足を2点加えておく.1点目は,マーケットメーカーが各投資家のϕ_iを推定する可能性についてである.本稿のモデルでは,市場に無数の(連続体の)投資家が存在するため,大数の法則から,彼らの注文の合計である総注文には個々の投資家iのスキルϕ_iとシグナルノイズ$\epsilon_{i,j}$の情報は完全に分散化されて反映されることがない.したがって,マーケットメーカーが各投資家のϕ_iについて推定することはできない.この推定問題を解く必要がないことによって,モデル分析が大幅に簡略されている.

2点目は,Kyle (1985)のモデル設定との比較についてである.本稿のモデルでは,マーケットメーカーの価格設定方法—すなわち,成行

注文の総額を見て競争的に価格を付ける―は，Kyle (1985) と同様である．しかし，他の重要な点において本稿は Kyle (1985) と異なる仮定を置いている．まず，Kyle (1985) における最も重要な仮定は，市場規模に比して大きな投資家が価格インパクトを持つということだが，本稿では価格インパクトの無い小規模の多くの投資家を仮定している．また，Kyle (1985) では本稿とは異なり，投資家が資産価値についてのシグナルを受け取る設定は無く，その故，当然のことながら，投資家のスキルや評判については議論されていない．しかし，興味深いことに，本稿の多くの投資家の集合体を Kyle (1985) における 1 人の大きな投資家と見做すことが可能である．本稿のモデルでは Kyle (1985) とは異なり，各投資家が受け取るシグナル $s_{i,j}$ は δ_j の値を完全に明らかにするものではなく，ノイズ $\epsilon_{i,j}$ を含んでいる．しかし，ノイズトレーダーを除いた全ての投資家達の注文の合計 $\int_0^1 x_{i,j}\mathrm{d}i = \bar{\phi}\beta(\delta_j - \bar{\delta})$ においては，シグナルノイズは分散化により完全に消滅し，真の δ_j の値が完全な形で反映されている（fully revealing）．しかし，ノイズトレーダーの存在により，マーケットメーカーは総注文 $\int_0^1 x_{i,j}\mathrm{d}i + u_j$ の値を見ても完全に δ_j の値を推測することはできないという構造なのである．つまり，本モデルの個々の投資家は測度 0 であり価格インパクトは持たないが，その投資家達を全てまとめた集合体が，Kyle (1985) のモデルにおける単独で価格インパクトを持つ情報投資家と類似した役割を果たすと解釈することができるのである．

3.4　投資家の最適化行動

　仮定から，投資家が出せるのは成行注文のみであり，価格に応じた注文の「スケジュール」を出すことはできない．しかし，投資家は各資産の価格が (3.11) 式の形になること自体は理解している．そのため，

(3.11) 式を各投資家の目的関数 (3.7) 式に代入して整理すると，以下を得る．

$$\max_{x_{i,j}:j\in\mathcal{J}}\left(1+\frac{\theta\rho k_{\omega}}{(1-\rho)k_{\pi}}\right)(1-\lambda(\beta)\bar{\phi}\beta)\int_{j\in\mathcal{J}}\phi_i(s_{i,j}-\bar{\delta})x_{i,j}\mathrm{d}j-\frac{c}{2}\int_{j\in\mathcal{J}}x_{i,j}^2\mathrm{d}j. \tag{3.13}$$

したがって，投資家 i にとっての最適な $x_{i,j}$ の選択の一階の条件は

$$\left(1+\frac{\theta\rho k_{\omega}}{(1-\rho)k_{\pi}}\right)(1-\lambda(\beta)\bar{\phi}\beta)\phi_i(s_{i,j}-\bar{\delta})-cx_{i,j}=0 \tag{3.14}$$

となり，これを $x_{i,j}$ について解くことにより，資産 j への最適注文が以下のように得られる．

$$x_{i,j}=\phi_i\Gamma(\beta)(s_{i,j}-\bar{\delta}) \tag{3.15}$$

where

$$\Gamma(\beta)\equiv\frac{1}{c}\left(1+\frac{\theta\rho k_{\omega}}{(1-\rho)k_{\pi}}\right)(1-\lambda(\beta)\bar{\phi}\beta). \tag{3.16}$$

3.5　均衡

本節では，先に立てたいくつかの内生変数についての予想を立証し，定常均衡を求める．まず，(3.8) 式で立てた $x_{i,j}$ についての予想は，それが (3.15) 式と整合的なとき（そしてそのときのみ）立証される．それは，以下のときである．

$$\beta=\Gamma(\beta). \tag{3.17}$$

つまり，均衡における β の値は，関数 $\Gamma(\cdot)$ の不動点で決まるということである．

各投資家 i の各期の取引利益 π_i は，その定義式に (3.11) 式を代入して整理すると，以下のように書ける．

$$\pi_i \equiv \int_{j\in\mathcal{J}} (\delta_j - p_j)x_{i,j}\mathrm{d}j = (1 - \lambda(\beta)\bar{\phi}\beta)\beta\sigma^2\phi_i. \tag{3.18}$$

(3.2) 式で立てた π_i についての予想は，それが (3.18) 式と整合的なとき（そしてそのときのみ）立証される．すなわち，(3.2) 式と (3.18) 式から，定数 k_π の値が以下のように求められる．

$$k_\pi = (1 - \lambda(\beta)\bar{\phi}\beta)\beta\sigma^2. \tag{3.19}$$

各投資家 i の各期の効用 ω_i は，その定義式に (3.15)，(3.16)，(3.18)，(3.19) の四式を代入して整理すると，以下のように書ける．

$$\omega_i \equiv \pi_i - \frac{c}{2}\int_{j\in\mathcal{J}} x_{i,j}^2\mathrm{d}j = \frac{1}{2}\left(1 - \frac{\theta\rho k_\omega}{(1-\rho)k_\pi}\right)k_\pi\phi_i. \tag{3.20}$$

(3.3) 式で立てた ω_i についての予想は，それが (3.20) 式と整合的なとき（そしてそのときのみ）立証される．すなわち，(3.3) 式と (3.20) 式から，定数 k_ω の値は以下のように書ける．

$$k_\omega = \frac{1}{2}\left(1 - \frac{\theta\rho k_\omega}{(1-\rho)k_\pi}\right)k_\pi. \tag{3.21}$$

(3.12)，(3.16)，(3.17)，(3.19)，(3.21) の 5 式を整理すると，k_π，k_ω および $\Gamma(\cdot)$ を以下のようなシンプルな形で求めることができる．

$$k_\pi = \frac{c\sigma^2}{2}\left(\frac{2(1-\rho)+\theta\rho}{(1-\rho)+\theta\rho}\right)\beta^2, \tag{3.22}$$

$$k_\omega = \frac{c\sigma^2}{2}\left(\frac{1-\rho}{(1-\rho)+\theta\rho}\right)\beta^2, \tag{3.23}$$

$$\Gamma(\beta) = \frac{1}{c}\left(1 + \frac{\theta\rho}{2(1-\rho)+\theta\rho}\right)\frac{\sigma_u^2}{\bar{\phi}^2\beta^2\sigma^2 + \sigma_u^2}. \tag{3.24}$$

(3.24)式から，$\Gamma(0) > 0$，$\Gamma'(\beta) < 0$ かつ $\Gamma(\infty) = 0$ であるから，(3.17)式を満たす β の均衡値が一意に存在することが分かる．

本モデルの均衡をまとめると，以下のようになる．

命題 3.1 定常均衡では，各期において以下が成立する．

1. 各投資家 $i \in [0,1]$ は，資産 $j \in \mathcal{J}$ に対して成行注文 $x_{i,j} = \phi_i\beta(s_{i,j} - \bar{\delta})$ を出す．ここで β は，全投資家に共通の取引のアグレッシブさであり，下式で定義される関数 $\Gamma(\cdot)$ の一意の不動点で与えられる．

$$\Gamma(\beta) \equiv \frac{1}{c}\left(1 + \frac{\theta\rho}{2(1-\rho)+\theta\rho}\right)\frac{\sigma_u^2}{\bar{\phi}^2\beta^2\sigma^2 + \sigma_u^2} \text{ where } \bar{\phi} \equiv \int_0^1 \phi_i\mathrm{d}i.$$

2. 資産 $j \in \mathcal{J}$ の価格は

$$p_j = \bar{\delta} + \lambda(\beta)\left(\bar{\phi}\beta(\delta_j - \bar{\delta}) + u_j\right) \text{ where } \lambda(\beta) \equiv \frac{\bar{\phi}\beta\sigma^2}{\bar{\phi}^2\beta^2\sigma^2 + \sigma_u^2}$$

であり，その期待値とボラティリティ（分散）は，それぞれ以下である．

$$\mathrm{E}[p_j] = \bar{\delta}, \ \mathrm{Var}[p_j] = \frac{\bar{\phi}^2\beta^2\sigma^4}{\bar{\phi}^2\beta^2\sigma^2 + \sigma_u^2}.$$

3. 各投資家 $i \in [0,1]$ の取引利益は以下である．

$$\pi_i = \frac{c\sigma^2}{2}\left(\frac{2(1-\rho)+\theta\rho}{(1-\rho)+\theta\rho}\right)\beta^2\phi_i.$$

4. 各投資家 $i \in [0, 1]$ の価値は以下である.

$$V_i = \frac{c\sigma^2}{2} \left(\frac{1}{(1 - \rho) + \theta\rho} \right) \beta^2 \phi_i.$$

第 4 章　実証的含意

　本章では，命題 3.1 から得られる経済学的含意をまとめる．とくに，現実のデータを用いて検証可能と思われる理論的結果に焦点をあてて議論していく．

含意 4.1　$d\beta/d\theta > 0$ である．すなわち投資家達は，自らの評判に強い関心を持つほど，よりアグレッシブな取引を行う．

　含意 4.1（図 4.1(a)）は，本稿の核になる重要な結果である．実際にスキルが高く，自分が受け取るシグナル $s_{i,j}$ が資産の真の価値 δ_j に近い投資家であれば，アグレッシブに取引を行うということは直感に反しないであろう．そのような投資家は，δ_j が市場価格 p_j よりも高ければ大きな買い注文，δ_j が p_j より低ければ大きな売り注文というように，振れ幅の大きいアグレッシブな取引を自信をもって行うはずだからである．そのため，θ が高く，投資家達が自らのスキルについての他者からの評価に強い関心を持つ場合は，スキルが低いことを自覚する投資家は，そのスキルが実際よりも高いように見せかけるために，故意に本来よりもアグレッシブ度を嵩上げした取引を行う．言い換えれば，彼らは「見栄張り」の行動をとるのである．投資家にこのような行動をとるインセンティブがあることは，事前に全ての市場参加者が理解している．そのため，スキルの高い投資家は，仮に通常通りのアグレッシブさで取引してしまうと，市場参加者は「投資家はみな嵩上げをしているはず」と信じているため，市場参加者の目には実際よりも低いスキルの投資家のように映ってしまう．よって，スキルの高

図 4.1　θ の効果

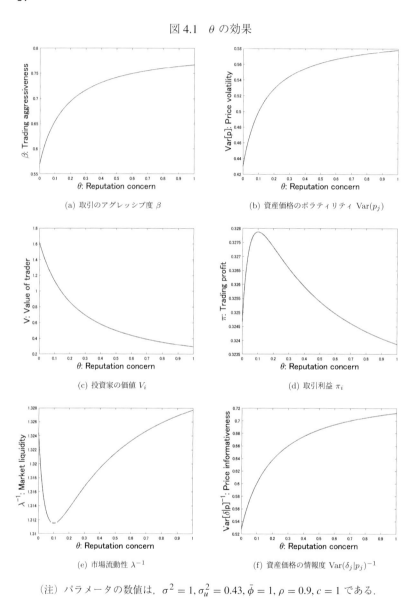

(a) 取引のアグレッシブ度 β

(b) 資産価格のボラティリティ $\mathrm{Var}(p_j)$

(c) 投資家の価値 V_i

(d) 取引利益 π_i

(e) 市場流動性 λ^{-1}

(f) 資産価格の情報度 $\mathrm{Var}(\delta_j|p_j)^{-1}$

（注）パラメータの数値は，$\sigma^2 = 1, \sigma_u^2 = 0.43, \bar{\phi} = 1, \rho = 0.9, c = 1$ である．

い投資家もやはり本来よりもアグレッシブ度を嵩上げした取引を行う．均衡では，すべての投資家が同じ倍率で嵩上げし，市場全体のアグレッシブ度を測る β はすべての投資家に共通になる．結局は，取引利潤 π_i は各々の投資家 i の真のスキル ϕ_i に全投資家に共通の定数を掛け合わせたものになるため，市場参加者は π_i を観察することによってその投資家 i の ϕ_i を完全に正しく知ることができる．そのため，投資家が自らのスキルを実際よりも高く見せようとする試みは決して成功しないのだが，それでもなお，市場参加者が「投資家達は見栄張りで β を高くするはずだ」と信じていることを所与とすれば，上述の理由により実際よりも低いスキルだと市場参加者の目に映ってしまうことを防ぐために，投資家達も実際に β を嵩上げせざるを得ないのである．

含意 4.2 すべての $j \in \mathcal{J}$ について，$\mathrm{dE}[p_j]/\mathrm{d}\theta = 0$ だが $\mathrm{dVar}[p_j]/\mathrm{d}\theta > 0$ である．すなわち，投資家達が自らの評判に関心を持つ場合，資産価格の期待値に影響はないが，そのボラティリティは高まる．

　含意 4.2（図 4.1(b)）も直感的である．θ が大きくなると，含意 4.1 から，各投資家 i は同じシグナルに対してより大きな売買注文 $x_{i,j}$ を出すようになる．他方，ノイズトレーダーからの注文 u_j は不変である．そのため，マーケットメーカーが観察する総注文 $\int_0^1 x_{i,j}\mathrm{d}i + u_j$ のうち，第一項の投資家達からの注文の割合が増えるため，総注文は δ_j についてより有益な情報を含むようになる．よって，マーケットメーカーは δ_j を推定する際に，総注文が持つ情報により強く依存することになる．その結果，マーケットメーカーは総注文の大小に応じて価格をより大きく上下させるようになり，価格のボラティリティは高まるのである．一方で，θ の変化によって注文が売り・買いのいずれかに偏るわけではないため，価格の期待値は不変ということになる．

含意 4.3 $dV_i/d\theta < 0$ だが，パラメータ次第で $d\pi_i/d\theta > 0$ も $d\pi_i/d\theta < 0$ もありうる．すなわち，投資家達が自らの評判に強い関心を持つほど，投資家の価値（金銭的な取引利益と非金銭的な投資コストをどちらも考慮した生涯効用の割引現在価値）は確実に減少するが，金銭的な取引利益は市場の環境に応じて増加も減少もしうる．

　まず，$dV_i/d\theta < 0$ という結果（図 4.1(c)）に驚きはない．含意 4.1 で議論したように，θ がいくら大きくて投資家が見栄張りの行動をしたとしても，均衡においては，投資家は自らのスキル ϕ_i を実際以上に見せることはできず，常にフェアな評価をされることになる．そのため，結局は，V_i の大小を決めるのは市場参加者からの評価ではなく投資家本人の直接的な行動ということになるが，評判に関心をもたない $\theta = 0$ の場合に歪みのないファーストベストの選択ができ最大の V_i が実現されているはずだから，$\theta > 0$ の下での V_i はそれを下回るはずである．具体的には，$\theta > 0$ のケースでは投資家は見栄張りによって最適水準を上回る注文を出し，それに伴い過剰な非金銭的な投資コストを被っているため，V_i が低く抑えられているのである．

　次に，$d\pi_i/d\theta$ が正にも負にもなりうるという結果（図 4.1(d)）は，それほど自明でないかもしれない．このように結果が非単調になるのは，θ の上昇に伴い投資行動のアグレッシブ度 β が大きくなることが，取引利益 π_i に対して正の効果と負の効果の両方を持つためである．例えば，$\delta_j > p_j$ で，投資家が買い注文を出すケースを考えよう．仮に資産価値と価格の差 $(\delta_j - p_j)$ を一定とすれば，θ の上昇に伴い β が上昇すれば（含意 4.1），$x_{i,j}$ が大きくなるため，資産 j からの取引利益 $(\delta_j - p_j)x_{i,j}$ は当然大きくなる．これが正の効果である．他方，β が上昇すると，含意 4.2 で議論したように，マーケットメーカーが観察する総注文が資産価値 δ_j についての情報をより強く反映するようになるため，価格 p_j が δ_j により近づき，$(\delta_j - p_j)$ が小さくなる．その

ため，同じ $x_{i,j}$ に対して取引利益 $(\delta_j - p_j)x_{i,j}$ は小さくなる．これが負の効果である．これら正と負の効果のどちらがより強いかは，市場環境を規定するパラメータ次第で変わる．例えば，ノイズトレードのボラティリティ σ_u^2 が大きいケースでは，総注文から δ_j の情報を抽出することがそもそも困難なために先述の負の効果は小さく，正の効果だけが顕在化するため，すべての $\theta \in [0, 1]$ に対して π_i は増加的になる．反対に，σ_u^2 が小さいケースでは負の効果だけが顕在化し，すべての $\theta \in [0, 1]$ に対して π_i は減少的になる．これらの中間のケースでは，正と負の効果がともに顕在化するため，図 4.1(d) のように π_i は θ について山なりになるのである．

含意 4.4　パラメータ次第で，$d\lambda/d\theta > 0$ も $d\lambda/d\theta < 0$ もありうる．すなわち，投資家達が自らの評判に関心を持つ場合，Kyle のラムダの逆数で測った市場流動性は低下も上昇もしうる．

　含意 4.4（図 4.1(e)）は，θ が市場流動性に与える影響は非単調になりうることを意味している．θ の上昇に伴い β が上昇すると，含意 4.3 で議論したように，総注文が δ_j の情報を強く反映するようになるため，マーケットメーカーは総注文の大小に応じて大きく価格を上下させるようになる．言い換えれば，マーケットインパクト λ が上昇するということである．これが，図 4.1(e) において，小さい θ に対しては λ の逆数である市場流動性が減少していく理由である．しかし，θ が更に大きくなるにつれて，投資家達は見栄張りによる注文の嵩上げを増やしていくため，マーケットメーカーはその嵩上げ分を割り引いた上で価格に反映させるようになる．つまり，λ が減少していくということである．これが，図 4.1(e) において，大きい θ に対しては市場流動性が上昇していく理由である．ただし，必ずしも θ と市場流動性の関係が非単調になるとは限らない．本稿には載せていないが，σ_u^2 が大きく

総注文にノイズが多い場合は，投資家が注文の嵩上げをしていること
をマーケットメーカーは理解しつつも，例えば総注文が大きいときに
それが投資家からの嵩上げ注文によるものなのか，たまたまノイズが
大きかったことによるものなのか判別することが困難なため，注文の
嵩上げ分を大きく割り引くということはしない．その結果，すべての
$\theta \in [0, 1]$ について λ は増加的に，つまり市場流動性は減少的になる．
反対に，σ_u^2 が小さい場合は，すべての $\theta \in [0, 1]$ に対して市場流動性
は増加的になる．

含意 4.5 $d\mathrm{Var}[\delta_j|p_j]^{-1}/d\theta > 0$ である．すなわち，投資家達が自らの
評判に強い関心を持つほど，資産価格の情報度は上昇する．

　資産価格は，売買に使用される単なる交換比率というだけではなく，
その資産の価値について投資家達が持つ情報が集約・反映された指標
としての役割も果たすというのが，ファイナンスにおける標準的な議
論である．すなわち，資産価値 δ_j について情報を全く持たない経済主
体であっても，その価格 p_j を観察することによって，ある程度 δ_j を
推測できるということである．その推測をどの程度の精度をもって行
えるかを表すのが，価格の「情報度（informativeness）」と呼ばれる概
念である．価格の情報度は，例えば「それが上昇すると資産価格が上
昇する」といったように資産価格の決定要因の一部を成すわけではな
い．実際に，含意 4.2 で見たように，θ の変化に伴い情報度が変化した
としても，本稿の資産価格の期待値 $\mathrm{E}[p_j]$ は不変である．情報度を分
析することの意味は，あくまでも「価格がどれだけ情報を反映するか」
それ自体を知ること，すなわち，市場がどれだけ情報効率的かを知る
ことである．価格の情報度は，$\mathrm{Var}[\delta_j|p_j]$ の逆数で測るのが一般的で
あり，本稿のモデルでは，$\mathrm{Var}[\delta_j|p_j]^{-1} = (\bar{\phi}^2\beta^2\sigma^2 + \sigma_u^2)/(\sigma^2\sigma_u^2)$ とシ
ンプルな形で計算できる．この情報度が，投資家の評判への関心度 θ

とともに上昇するという含意 4.5（図 4.1(f)）は直感的である．θ が上昇すれば，投資家達は見栄張りで注文を嵩上げするため，各投資家のシグナルに基づく δ_j についての情報が総注文により強く反映される．そのため，それを受けてマーケットメーカーが設定する価格にもより強く δ_j の情報が反映されるのである．

お わ り に

　本稿では，金融業界における人的資本の引き抜き合戦や，金融サービス業の活発な M&A を念頭におき，業界での自らの「評判」に関心を持つ投資家を明示的に導入した金融資産市場の理論を構築した．モデルの基本的な枠組みは，高スキルの投資家ほど資産価値に関する高精度のシグナルを受け取り，それに基づいてマーケットメーカーに成行注文を出すという，Kyle (1985) 流の標準的なものである．そこに，各投資家が自らのスキルを他の市場参加者に売却できるという設定を組み込み，投資家の評判への関心が彼らの行動にどのように影響し，さらにそれが資産価格にどのように波及するかを分析した．

　本稿の核となる結果は，投資家達は自らの評判に強い関心を持つほど，「見栄張り」で大きな注文を出すようになり，市場全体の取引のアグレッシブ度が上昇するという点である．その結果，資産価格のボラティリティや情報度は上昇する．投資家達は過剰な投資コストを被るため，効用で測った彼らの価値は下落する．市場流動性や投資家が得る金銭的な取引利益への影響については一概には言えず，市場の環境に応じて増加も減少もすることが示された．

　本稿では，金融業界の人的資本の流動性が高い，米国のようなケースを想定したモデルを分析した．しかし，本モデルは必ずしも日本の現状を分析するのに適しているとは限らない．昨今の日本では，労働市場の流動性向上の必要性が叫ばれ，「メンバーシップ型」から「ジョブ型」へと雇用形態が転換しつつあるとはいえ，現実にはまだ米国ほど競合企業間の引き抜き合戦が熾烈を極めているわけではない．日本の

現状を分析する上で重視すべきなのは，自らのスキルを他社に売却する個人事業主的な性格を持つ投資家よりも，むしろ同一金融機関内での出世競争に関心を持つサラリーマン投資家である可能性もある．もしそうであれば，本稿の投資家が関心を持つ「市場における評判」は「上司による評価」に置き換えるべきだろうし，投資家が受け取る業績連動報酬を表す「取引利益」は「固定給」に変える必要があるのかもしれない．これらの変更が本稿の結論にどのような影響を与えるかは自明ではなく，今後の研究の課題としたい．このような日本型雇用慣行を特殊ケースとして内包するような形で本稿のモデルを拡張することは，おそらく不可能ではないと考えている．そのような拡張ができれば，今後日本がジョブ型システムに移行するに伴い金融市場にどのような変化が起こり，どのような政策対応が必要かといった重要な経済学的含意を得られる可能性もある．

謝　　辞

　本書の執筆にあたり，多くの方々にお世話になった．公益財団法人
三菱経済研究所の丸森康史副理事長，杉浦純一常務理事，須藤達雄研
究部長には，研究のアイデアの段階でご議論いただき，多くの有益な
コメントを頂戴した．特に，現実経済におけるファンドマネジャー達
のインセンティブ構造について様々な具体例と共にご解説下さり，本
研究の大きな一助となった．杉浦常務理事には，本書の執筆中コンス
タントに励まして頂くと共に，草稿の隅々まで読んで頂き，詳細なコ
メントとアドバイスを頂戴した．モデルの重要な結果についての説明
の仕方や，重要な仮定の解釈等，読者の立場に立った重要なご指摘を
いくつも頂き，本書の改善に大変役立った．ここに記して，深く感謝
申し上げたい．

参考文献

[1] Bijlsma, M., J. Boone, and G. Zwart, 2013, Competition for traders and risk. Working paper.

[2] Böhm, M., Metzger, D. and P. Strömberg, 2015, "Since you're so rich, you must be really smart": talent and the finance wage premium. Working paper.

[3] Célérier, C. and B. Vallée, 2017, Returns to talent and the finance wage premium. Working paper.

[4] Dasgupta, A. and A. Prat, 2006, Financial equilibrium with career concerns, *Theoretical Economics* 1, 67–93.

[5] Dasgupta, A. and A. Prat, 2008, Information aggregation in financial markets with career concerns, *Journal of Economic Theory* 143, 83–113.

[6] DiMaggio, Marco, 2015, Fake alphas, tail risk and reputation traps. Working paper.

[7] Glosten, L. and P. Milgrom, 1985, Bid, Ask and transaction prices in a specialist market with heterogeneously informed traders, *Journal of Financial Economics* 14, 71–100.

[8] Guerrieri, V. and P. Kondor, 2012, Fund managers, career concerns, and asset price volatility, *American Economic Review* 102, 1986–2017.

[9] Kyle, A., 1985, Continuous auctions and insider trading, *Econometrica* 53, 1315–1335.

[10] Malliaris, S. and H. Yan, 2021, Reputation Concerns and Slow-Moving Capital, *Review of Asset Pricing Studies*, 11, 580–609.

[11] Philippon, T. and A. Reshef, 2012, Wages and human capital in the U.S. finance industry: 1909–2006, *Quarterly Journal of Economics* 127, 1551–1609.

著者紹介

佐藤　祐己

2001 年　慶應義塾大学経済学部卒業

2011 年　ロンドン・スクール・オブ・エコノミクス

　　　　　経済学部 博士課程 修了（経済学博士）

現在　　慶應義塾大学経済学部教授

　　　　　元・三菱経済研究所兼務研究員

プロの投資家に対する「評判」と資産価格

2022 年 8 月 31 日　発行

定価　本体 800 円＋税

著　者　　佐　藤　祐　己

発 行 所　　公益財団法人　三菱経済研究所
　　　　　　東 京 都 文 京 区 湯 島 4-10-14
　　　　　　〒 113-0034 電話 (03)5802-8670

印 刷 所　　株 式 会 社 国 際 文 献 社
　　　　　　東 京 都 新 宿 区 山 吹 町 332-6
　　　　　　〒 162-0801 電話 (03)6824-9362

ISBN 978-4-943852-86-5